BEI GRIN MACHT SICH IHR WISSEN BEZAHLT

AF136247

- Wir veröffentlichen Ihre Hausarbeit,
  Bachelor- und Masterarbeit

- Ihr eigenes eBook und Buch -
  weltweit in allen wichtigen Shops

- Verdienen Sie an jedem Verkauf

Jetzt bei www.GRIN.com hochladen und kostenlos publizieren

Moritz Schneider

Aufbau und Bedeutung des Motivs der Zeit in G. Trakls Gedicht "Der Untergang"

GRIN Verlag

Bibliografische Information der Deutschen Nationalbibliothek:

Die Deutsche Bibliothek verzeichnet diese Publikation in der Deutschen National-
bibliografie; detaillierte bibliografische Daten sind im Internet über http://dnb.d-
nb.de/ abrufbar.

Impressum:

Copyright © 2011 GRIN Verlag, Open Publishing GmbH
Druck und Bindung: Books on Demand GmbH, Norderstedt Germany
ISBN: 978-3-656-14284-3

Dieses Buch bei GRIN:

http://www.grin.com/de/e-book/189820/aufbau-und-bedeutung-des-motivs-der-
zeit-in-g-trakls-gedicht-der-untergang

Inhaltsverzeichnis

1. Einleitung 2

2. Elemente und Aufbau des Zeitmotivs 3

3. Ein Deutungsversuch des Zeitmotivs 4

4. Zusammenfassung und Ausblick 7

5. Literaturverzeichnis 8

Untergang (5. Fassung)[1]

An Karl Borromaeus Heinrich

Über den weißen Weiher

Sind die wilden Vögel fortgezogen.

Am Abend weht von unseren Sternen ein eisiger Wind.

Über unsere Gräber

Beugt sich die zerbrochene Stirne der Nacht.

Unter Eichen schaukeln wir auf einem silbernen Kahn.

Immer klingen die weißen Mauern der Stadt.

Unter Dornenbogen

O mein Bruder klimmen wir blinde Zeiger gen Mitternacht.

---

[1] Georg Trakl. Dichtungen und Briefe. Historisch-Kritische Ausgabe, Band 1, hg. von Walther Killy und Hans Szeklenar. Salzburg: O. Müller 1969, S. 116.

1. Einleitung

Bevor ich das Zeitmotiv innerhalb der fünften Fassung von Georg Trakls *Untergang* untersuchen werde, sind dieser Untersuchung vorausgehende Erwähnungen notwendig. Aufgrund der vorherrschenden Rahmenbedingungen soll im Folgenden nur auf das Zeitmotiv innerhalb der 5. Fassung des Gedichts eingegangen werden. Der Begriff der *Fassungen* kann jedoch für den Unkundigen bezüglich der Genese Trakls *Untergang* irreführend sein. Die Fassungen unterscheiden sich zum Teil so stark voneinander, dass von verschiedenen Gedichten gesprochen werden kann[2]. Noch interessanter und unter Umständen noch eingängiger könnte eine Analyse des Zeitmotivs unter Berücksichtigung aller Fassungen sein. Dass ich mich im Folgenden einzig und allein der 5. Fassung widme, mindert mein Anliegen indessen nicht, da diese ein eigenes künstlerisches Produkt darstellt und als solches legitimiert ist. Ein Interpretationsversuch des gesamten Gedichts kann in dieser Hausarbeit nicht angemessen erfolgen, daher konzentriere ich mich auf den Aspekt des Zeitmotivs innerhalb des Gedichts. Die Analyse dieses Motivs kann jedoch hilfreich für eine Gesamtinterpretation des Werks sein. Deshalb werden einzelne Querverweise auf eine mögliche Gesamtinterpretation des Werks unverzichtbar sein, sofern der Aspekt des Zeitmotivs in einer unmittelbaren Kausalität mit dem Verlauf des *Untergangs* als Solchem steht. Die Begriffe des *Interpretationversuches* und der *möglichen Gesamtbedeutung* sind nicht aufgrund einer unbedachten Zagheit gewählt. Viel mehr sollen sie deutlich machen, dass man bei der Interpretation, sofern man diese als einen Prozess des Verstehens betrachtet, bei Georg Trakl besonders vorsichtig sein sollte. Trakls Werke als ein Transportmittel einer in Wörtern ausgedrückten Erkenntnis zu verstehen, wird seiner Dichtung kaum gerecht[3]. Dies wird besonders an der Verwendung seiner enorm aufgeladenen Symbole und Metaphern deutlich. Im Folgenden kann daher nur in geringem Maße auf Motive wie die des *weißen Weihers*, des *Dornenbogens* oder der *weißen Mauern* eingegangen werden. Denn diese sind nur schwierig oder gar nicht mehr in ihrem ursprünglichen Sinn deutbar[4]. Im Folgenden soll in einem ersten Schritt beschrieben werden, welche Anhaltspunkte zeitlicher Beschreibungen und Andeutungen dem Gedicht entnommen werden können, die ihm möglicherweise eine interne

---

[2] Vgl. Dennler, Iris: Entstehungsgeschichte, in: Konstruktion und Expression. Zur Strategie und Wirkung der Lyrik G. Trakls. Salzburg: O. Müller 1984, S. 71ff..

[3] Vgl. Führmann, Franz: Vor Feuerschlünden. Erfahrung mit Georg Trakls Gedicht, hg. von Franz Führmann [u.a.]. Rostock: Hinstorff 2000, S.17.

[4] Führmann etwa sieht sie als Teil einer persönlichen Mythologie an, Vgl.ebd. S. 26.
Eykman sieht sie gar als *absolute Chiffren* an, die vom heutigen Leser nicht mehr entschlüsselbar seien (Vgl. Eykman, Christoph: Die Funktion des Hässlichen in der Lyrik Georg Heyms, Georg Trakls und Gottfried Benns. Zur Krise der Wirklichkeitserfahrung im deutschen Expressionismus, in: Bonner Arbeiten zur deutschen Literatur, Band 11, hg. Von Benno v. Wiese. Bonn: Bouvier Verlag 1965, S. 56.

Struktur verleihen. In einem zweiten Schritt sollen diese Aspekte oder gar der Zusammenhang der Selbigen, sofern er existent ist, gedeutet werden. Die Beschreibung und Deutung des zeitlichen Motivs in Georg Trakls *Untergang* soll einen Ansatz darstellen, das hiesige Gedicht im Ganzen besser verstehen zu können.

2. Elemente und Aufbau des Zeitmotivs

Bevor ich den Versuch wagen werde, eine mögliche Bedeutung, gar einen Sinnzusammenhang des Zeitmotivs in Trakls *Untergang* zu untersuchen, soll zunächst textimmanent beschrieben werden, welche Zeitangaben oder Zeitindizien dem Gedicht entnommen werden können. Auffallend ist, dass in jeder Strophe des Gedichts ein explizites Zeitelement vorzufinden ist. Diese stellen eine zeitliche Kontinuität dar: Der *Abend* der 1. Strophe wird in die *Nacht* der Zweiten und schließlich in die *Mitternacht* der 3. Strophe überführt[5]. Außer dem Umstand, dass die wilden Vögel fortgezogen sind, stehen alle im Gedicht enthaltenen Verben im Präsens. Ein eisiger Wind *weht,* die zerbrochene Stirne der Nacht *beugt sich,* unter Eichen *schaukeln wir,* die Mauern *klingen* und schließlich *klimmen wir.* Allein der Abend-Nacht-Mitternacht-Verlauf sowie die Verben im Gedicht machen daher auf zwei verschiedene Zeitrahmen aufmerksam: Einmal die gegenwärtige Situation, in der sich das lyrische Ich derzeit befindet[6], zum Anderen die vorausgegangene (bereits abgeschlossene) Zeit, der dahinziehenden Vögel[7]. Der zeitliche Verlauf vom Abend bis hin zur Mitternacht ist dabei in eine vorwinterliche Jahreszeit eingebettet. Dies wird dadurch deutlich, dass die Vögel bereits fortgezogen sind, dass es kalt geworden ist. Außerdem wird dies von der Aussage, dass ein *eisiger Wind* weht untermauert[8]. Die recht schlüssige Annahme einer vorwinterlichen Zeit, welche durch das Fortgezogensein der Vögel, wie dem eisigen Wind angedeutet wird, sollte an dieser Stelle jedoch nicht erzwungen werden, in dem in den *weißen Weihern* ebenfalls eine Anspielung auf einen etwa schneebedeckten Weiher angenommen wird. Der Hinweis sei an dieser Stelle gemacht: Betrachtet man Trakls Gesamtwerk, seine Farbwahl und Farbmotive insgesamt, dann verlieren Farben recht schnell ihre ursprüngliche Bedeutung und führen zu gänzlich anderen Intentionen, als sie

---

[5] Vgl. Csúri, Károly: *Untergang.* Zur Erklärung des Gedichts, in: Georg Trakl und die literarische Moderne (Untersuchungen zur deutschen Literaturgeschichte), hg. von Károly Csúri. Tübingen: Max Niemeyer Verlag 2009, S. 35.

[6] Meine Aussage bezieht sich lediglich auf die zeitliche Situation, in der sich das lyrische Ich zu befinden scheint. Die Position des lyrischen Ichs hingegen ist uneindeutig, Vgl. dazu: Dennler 1984, S. 76.

[7] Vgl. Williams, Eric: Untergang als Spiegelbildwelt, in: Interpretationen. Gedichte von Georg Trakl, hg. von Hans-Georg Kemper. Stuttgart: Reclam Verlag 2009, S.157.

[8] Vgl. Williams 2009, S.157; Vgl. Ksury 2009, S. 37.

gegebenenfalls zunächst suggerieren[9]. Neben diesen doch konkreteren Zeitangaben gilt es auch noch das Wort *immer* aus der 3. Strophe als adverbiale Bestimmung der Zeit zu nennen sowie bildliche Indizien, die in einer Beziehung zur Zeit stehen: Das *Klingen* und die *blinden Zeiger*. Auch wenn es im Gedicht die *weißen Mauern* sind, die *klingen,* soll an dieser Stelle der Verweis nicht fehlen, dass bei einer Deutung der Mauern als ein Symbol menschlicher Errichtung (beispielsweise eine Stadt) die Annahme nicht allzu fern liegt, dass es etwa ein Glockenturm und damit ein Gegenstand der Zeit ist, der hier wohlmöglich *klingt*[10]. Die Zeiger sind Grundbausteine einer jeden Uhr und somit auch Repräsentanten von Zeit. Bevor ich nun zu einem Versuch der Deutung des Zeitmotivs komme, kann festgehalten werden, dass die Auseinandersetzung mit dem Zeitmotiv innerhalb dieses Gedichts keine abwegige Untersuchung ist. Im Gegenteil, wie wir sehen können, scheint das Motiv der Zeit, deren Angaben und Indizien, sei es in Form von konkreten Hinweisen, aber auch in bildlichen Motiven, die in einer Beziehung zur Zeit stehen, in Relation zur Länge des Gedichts hoch zu sein. Dadurch wird deutlich, dass dieser Aspekt ein wesentliches Element innerhalb des Gedichts einzunehmen scheint.

3. Ein Deutungsversuch des Zeitmotivs

Die im Gedicht gezeichnete Zeitstruktur von *Abend, Nacht* und *Mitternacht* sowie die bildlichen Motive, welche in einer Beziehung zur Zeit stehen (die bereits *fortgezogenen wilden Vögel,* die *blinden Zeiger*) können als ein prozessualer Verlauf, als eine Beschreibung des Weges bis hin zum *Untergang* als Solchen, gedeutet werden. Durch diesen Interpretationsansatz wird der gleichnamige Titel zu einer Art Wegweiser für den Lesenden, der Titel *Untergang* gibt dann eine Form der Richtung an[11]. Begreift man das Gedicht mit Hilfe des zeitlichen Motivs als einen Prozess, der auf etwas gerichtet ist (in diesem Fall der Untergang), sprechen viele Hinweise im Gedicht für diese These. Sieht man einen Symbolcharakter in den Zeitstufen wird ein Weg der Verdunklung beschrieben. Das Lyrische Ich sinkt vom *Abend* bis hin zur *Mitternacht* immer *tiefer* in die Dunkelheit hinein[12]. *Mitternacht* als eine Stunde absoluter Finsternis, der zusätzlich noch die *blinden Zeiger* entgegen klimmen: Ein Ausdruck doppelter Verdunklung und damit hoffnungsloser Finsternis. Jene Hoffnungslosigkeit und eine gesamte düstere Grundstimmung innerhalb des

[9] Vgl. Legrand, Jacques: Chromatische Variationen über Georg Trakls "Untergang", in: Untersuchungen zum „Brenner", hg. von Walter Methagl (Fs.f. Ignaz Zangerle). Salzburg: O. Müller 1981, S. 445ff..
[10] Vgl. Ksury 2009, S. 42f..
[11] Vgl. Williams 2009, S. 154.
[12] Vgl. Ksury 2009, S. 38.

Gedichts werden durch verschiedene Elemente deutlich. Zunächst fallen die bereits fortgezogenen *wilden Vögel* auf. Wann ziehen Vögel in der Regel fort? Wenn sie an einem Ort aufgrund klimatischer Bedingungen nicht länger überleben können – sie fliegen oder gar fliehen – in ein anderes klimatisches Gebiet. Das lyrische Ich hingegen befindet sich nach wie vor an dem Ort, an dem nun ein *eisiger Wind* von den *unseren Sternen* weht. Wie kann ein Wind von *unseren Sternen* wehen? Sterne und Wind sind für gewöhnlich keine Elemente, die sich monokausal miteinander verbinden lassen. Es scheint viel mehr eine persönliche Beziehung zwischen dem lyrischen Ich und den Sternen zu existieren, wenn diese als die *unseren* bezeichnet werden. Es ist keine ungewöhnliche Deutung, Sterne mit einer Form von Hoffnung zu assoziieren. Der Blick in die Sterne, das Gefühl eines kosmischen Ganzen: Wie auch immer es zu verstehen ist, es weht ein *eisiger Wind*, was abermals einen Zustand von Hoffnungslosigkeit, Hilflosigkeit ausdrückt[13]. Der beschriebene Prozess von Hoffnungslosigkeit, gar von Todesnähe, setzt sich unmittelbar fort: Die Nacht *beugt* sich über *unsere Gräber* und ihre Stirn ist *zerbrochen*. Nachdem wir unter Eichen auf einem *silbernen Kahn schaukeln, klimmen* wir *unter Dornenbogen* wie *blinde Zeiger* einer Uhr der *Mitternacht* entgegen. Durch all diese Motive verstärkt sich der Eindruck eines an einer scheinbar nicht mehr erträglichen Wirklichkeit leidenden lyrischen Ichs. Dadurch, dass andere Lebewesen die Gegend verlassen haben, dass *eisige Winde wehen* und die *Stirne der Nacht zerbrochen* ist, scheint sich das lyrische Ich in einer verzweifelten Haltung angesichts einer Realität zu befinden, die fremd und unerträglich geworden ist[14]. Innerhalb dieses Untergangsprozesses scheint das lyrische Ich gefangen zu sein, es kann sich diesem nicht entziehen: Während die *wilden Vögel fortgezogen* sind und so die Verbindung zu einer angenehmen Umwelt aufrechterhalten können, scheint das lyrische Ich förmlich mit Blick auf die weißen Weiher an diese Umgebung gebunden zu sein, während die Uhr unaufhaltsam weiter dem Untergang entgegen schlägt[15]. Vielleicht wird der Prozess hin zum Untergang mit dem Schlusswort *Mitternacht* am deutlichsten: Lesen wir das Gedicht als eine Beschreibung bis hin zum Untergang, so wird dieser scheinbar zur *Mitternacht* erreicht. Die *Mitternacht* als ein Name für einen regelmäßig wiederkehrenden Zeitpunkt (24 Stunden), da die Sonne (für einen bestimmten Ort) ihren tiefsten Stand am Horizont erreicht und damit als Symbol für den letzten Abschnitt des Tages gelten kann, an welchem zugleich Ende und Anfang zweier Tage zusammenfallen[16] [17]. Im Gesamtkontext des Gedichts bewegt sich das lyrische Ich innerhalb

---

[13] Vgl. ebd. S. 41f..
[14] Vgl. Eykman 1965, S. 59.
[15] Vgl. Willimas 2009, S. 162.
[16] Vgl. Führmann 2000, S. 37.

einer Endzeitstimmung dieser Letztzeit entgegen und wird sogar ein Teil davon: Innerhalb des Prozess zunehmender Dunkelheit, die sich vom *Abend*, über die *Nacht*, bis hin zur *Mitternacht* zieht, wird das lyrische Ich selbst zu einem hilflosen *blinden Zeiger*, der sich unaufhaltsam fort in Richtung Untergang bewegt[18]. Im Anschluss an diese Überlegungen kann noch einen Schritt weitergedacht werden, wenn man das Motiv der Zeit als etwas Allgemeineres betrachtet: Als eine Form von *Bewegung*. Wenn Zeit als etwas, dass verrinnt, dass sich unaufhaltsam fortbewegt verstanden wird, so finden sich unter dem Aspekt von *Bewegung* noch weitere Anhaltspunkte im Gedicht, die diesen Gedankengang stützen. Nicht nur, dass der Leser beim Prozess des Lesens selbst Zeile für Zeile nach *unten* wandert, so sind gerade die Begriffe des *über* und *unter* auffällig im hiesigen Gedicht (*Über* den weißen Weihern, *Über* unsere Gräber, *Unter* Eichen, *Unter* Dornenbogen). Wir können dem Gedicht also vier Angaben, je zweimal *unter* und *über* entnehmen, die jeweils in Zusammenhang mit Richtung und damit auch von Bewegung stehen. Schematisch findet sich hier ein über-über/unter-unter-Muster wieder, welches also mit einem wiederholten *über* beginnt und dann in ein wiederholtes *unter* mündet, welche parallel zum Lesen verlaufen, bei dem man sich zunächst *oben* befindet und dann nach *unten* bewegt[19]. Durch diese Form der Bewegung wird in Zusammenhang mit den getätigten Überlegungen zum Zeitmotiv kombinatorisch ein Verlauf zum letztlichen *Untergang* evoziert. Schon eingangs erwähnte ich den Verweis, dass der Titel des Gedichts als eine Art Wegweiser fungiert. Dies wird in Anbetracht der überlegten Aspekte, durch die scheinbar nicht unwesentliche Wirkung von Zeit und Bewegung innerhalb des Gedichts untermauert. Denn auch ein Untergang ist stets ein Prozess, es ist nichts, was von jetzt auf gleich geschieht, sondern ein Verlauf von einem Anfang bis hin zu einem konkreten Endpunkt. Untergang als ein Vorgang, der etwas verschwinden oder vernichten lässt[20]. Dies wird zusätzlich deutlich, wenn man das gleichnamige Verb, also *untergehen* unter linguistischer Perspektive betrachtet. Es handelt sich um ein *telisches Verb*, konkreter um ein *Accomplishment* (ein Verb, das mit der Beschreibung einer graduellen Zustandsveränderung von etwas einhergeht)[21]. Betrachtet man die getätigten Überlegungen von Zeit und Bewegung, vom Untergang als einen Prozess noch einmal im Ganzen, so sind Interpretationsansätze *Ksurys* oder *Führmanns* nicht abwegig. *Ksury* etwa sieht das Gedicht in

---

[17] Auf eine Deutung, die auf eine christliche Symbolik abzielt (den Anfang und das Ende als eine Anspielung zwischen Irdischem und Himmlisch – Untergang und Erlösung (etc.)) kann an dieser Stelle nicht weiter eingegangen werden.

[18] Vgl. Ksury 2009, S. 42.

[19] Vgl. Williams 2009, S.155.

[20] Etwa der Untergang eines Schiffes, der Untergang eines Reiches etc .

[21] Vgl. Steinbach, Markus: Semantik, in: Einführung in die germanistische Linguistik, hg. von Jörg Meibauer [u.a.], 2. Auflage. Stuttgart und Weimar: Verlag Metzler 2007 (erste Auflage 2002), S.196f..

seiner Gänze als die Beschreibung einer sonderbaren Form eines *kosmisch-menschlichen Uhrwerks*, gar als einen *Lebenszyklus* in Analogie zu der *Todessymbolik einer Sanduhr*[22]. *Führmann* geht noch einen Schritt weiter und gibt zu Bedenken, dass man dem Gedicht nicht gerecht werde, lese man es als einen linearen Verlauf, dessen frühstes Ereignis das Fortziehen der wilden Vögel und deren letzte das Klimmen gen Mitternacht in den Untergang wäre. Stattdessen merkt er an, der Untergang sei viel mehr die Gleichzeitigkeit all dessen[23]. Während die von mir getätigten Überlegungen auf ähnliche Schlussfolgerungen abzielen, wie wir sie bei *Ksury* finden, kann *Führmann* indessen nicht zugestimmt werden. Er macht seine These, den Untergang als eine ominöse Gleichzeitigkeit von allem zu verstehen, nicht durch Argumente anschaulich. Das Problem an dieser Stelle ist jedoch, dass sich meine getätigten Überlegungen zur Bedeutung des Zeitmotivs auf das Gedicht als Solches beziehen und unmittelbar am Text getätigt wurden. Eine vollständige Interpretation des Gedichts, die an dieser Stelle nicht getätigt werden kann, sollte zweifellos auch Trakls Leben (und Leiden) mit einbeziehen, wodurch *Führmanns* Aussagen möglicherweise besser nachzuvollziehen sind.

4. Zusammenfassung und Ausblick

Durch die detaillierte Beschreibung konkreter Zeitangaben und Indizien einerseits und durch einen Versuch der Deutung andererseits konnte die Wichtigkeit des Motivs der Zeit innerhalb des Gedichts *Untergang* unterstrichen werden. Dies führt zum Einen zu einem verbesserten Verständnis des Aufbaus des Gedichts insgesamt und bietet unter Umständen Potenzial oder gar eine Grundlage, um das Gedicht als Ganzes angemessen interpretieren zu können. Im Folgenden wäre es daher interessant, die getätigten Überlegungen in einen Gesamtkontext mit der Interpretation, der im Gedicht vorhandenen Metaphern, Farben und der Entwicklung der verschiedenen Fassungen unter Berücksichtigung der Biographie Georg Trakls zu setzen.

---

[22] Vgl. Ksury 2009, S. 44.
[23] Vgl. Führmann 2000, S. 37.

5. Literaturverzeichnis

<u>Primärliteratur:</u>

- **Georg Trakl**. Dichtungen und Briefe. Historisch-Kritische Ausgabe, Band 1, hg. von Walther Killy und Hans Szeklenar. Salzburg: O. Müller 1969. S. 116.

<u>Sekundärliteratur:</u>

- **Csúri**, Károly: *Untergang*. Zur Erklärung des Gedichts, in: Georg Trakl und die literarische Moderne (Untersuchungen zur deutschen Literaturgeschichte), hg. von Károly Csúri. Tübingen: Max Niemeyer Verlag 2009. S. 33-60.

- **Dennler**, Iris: Entstehungsgeschichte, in: Konstruktion und Expression. Zur Strategie und Wirkung der Lyrik G. Trakls. Salzburg: O. Müller 1984. S. 71-78.

- **Eykman**, Christoph: Die Funktion des Hässlichen in der Lyrik Georg Heyms, Georg Trakls und Gottfried Benns. Zur Krise der Wirklichkeitserfahrung im deutschen Expressionismus, in: Bonner Arbeiten zur deutschen Literatur, Band 11, hg. von Benno v. Wiese, H. Bouvier Verlag Bonn: 1965. S. 53-105.

- **Führmann**, Franz: Vor Feuerschlünden. Erfahrung mit Georg Trakls Gedicht, hg. von Franz Führmann [u.a.], Rostock: Hinstorff 2000.

- **Legrand**, Jacques: Chromatische Variationen über Georg Trakls "Untergang", in: Untersuchungen zum „Brenner", hg. von Walter Methagl (Fs.f. Ignaz Zangerle), Salzburg: O. Müller 1981. S. 445-450.

- **Steinbach**, Markus: Semantik, in: Einführung in die germanistische Linguistik, hg. von Jörg Meibauer [u.a.], 2. Auflage, Stuttgart und Weimar: Verlag Metzler 2007. (Erste Auflage 2002). S. 163-206.

- **Williams**, Eric: Untergang als Spiegelbildwelt, in: Interpretationen. Gedichte von Georg Trakl, hg. von Hans-Georg Kemper, Stuttgart: Reclam Verlag 2009. S. 154-168.